JUSTIFICATION

DE JACQUES BOILLEAU,

DÉPUTÉ A LA CONVENTION NATIONALE.

JUSTIFICATION,

A la satisfaction de tous les bons et vrais Républicains,

DE JACQUES BOILLEAU,

Député détenu, et prévenu de complicité avec les députés accusés d'être les chefs d'une conspiration contre la République françoise une et indivisible.

A PARIS,

De l'Imprimerie du CERCLE SOCIAL, rue du Théâtre François, n° 4.

1793.

L'an deuxième de la République françoise une et indivisible.

JUSTIFICATION,

A la satisfaction de tous les bons et vrais Républicains,

DE JACQUES BOILLEAU,

Député détenu, et prévenu de complicité avec des députés accusés d'être les chefs d'une conspiration contre la République françoise une et indivisible.

Soyez malheureux, tout le monde vous abandonne :

Cela me rappelle la réponse de ce sage à un homme à qui tout réussissoit, et qui lui disoit qu'il avoit tant d'amis, qu'il n'en connoissoit pas le nombre :

Si jamais le malheur (dit ce sage) ou seulement son ombre
Entre chez vous ..... comptez ce jour là vos amis ;
   Vous en saurez bientôt le nombre.

Donec eris felix , multos numerabis amicos ;
   Tempora si fuerint nubila , solus eris.

Ceci m'est parfaitement applicable en un sens : me trouvant en état d'arrestation , et ne pouvant faire aucune démarche pour ma justification , je me suis adressé par écrit à une foule d'individus qui m'avoient témoigné plus ou moins de bienveillance, pour faire valoir à la Convention mes moyens justificatifs : tous ont été sourds à ma voix ; aucun d'eux ne m'a donné le moindre signe de vie.

Je ne voulois pas imprimer pour beaucoup de raisons,

entr'autres, pour éviter de donner de la publicité à un mémoire où je suis obligé de parler de moi avec avantage.

Mais puisque la terreur a comprimé les ames au point que personne n'ose élever la voix en faveur d'un innocent accusé, il faut bien consentir à ne pas paroître modeste.

Reste à savoir si, relativement à tout ce qui ne consistera pas en faits positifs, j'inspirerai de la confiance.

Ici, pour obtenir celle de tous ceux qui ne me connoissent pas, j'invoquerai le témoignage de tous mes concitoyens d'Avallon, de tous ceux qui ont vécu intimement avec moi, qui m'ont suivi depuis mon enfance : ils diront que je ne sus jamais proférer un mensonge : que nul homme au monde ne professa plus que moi l'amour de la vérité ; que j'ai toujours dit que la vérité étoit la source de toutes les vertus ; que je la chérissois comme le bien suprême.

Ils attesteront que ma maxime favorite est *qu'un homme de bien doit penser tout haut pour ses semblables, et qu'il devroit lui être égal d'habiter une maison de verre* : que je me suis toujours attaché à la pratique de cette maxime, en disant que c'étoit un moyen de former son cœur à la vertu.

Citoyens mes juges, et vous Peuple français, vous conviendrez que, sous ce rapport, je mérite votre confiance dans les explications que je vais donner, mais qui ne seront pas appuyées sur des faits positifs.

Certes, celui qui fait hautement une telle protestation de véracité, doit nécessairement avoir une ame franche et loyale ; doit être bien sûr de l'opinion qu'ont de ses qualités ceux qui ont vécu intimement avec lui ; autrement il s'exposeroit à un démenti bien humiliant (1).

____

(1) On pourra se faire une idée de mon caractère en lisant l'extrait d'un discours inséré dans la Feuille villageoise, n°. 21, jeudi, 16 février 1792. — Je suis le premier qui ait de-

Je suis d'un caractère tel que si j'eusse été un aristo-crate, un royaliste ou un fédéraliste, il y a long-tems que ma franchise m'auroit fait guillotiner, car il y a long-tems que j'aurois affiché ce système : il n'eût pas dépendu de moi de me taire.

Mais..... j'ai peut-être déja impatienté mon lecteur qu'il falloit au contraire bien disposer ..... Voici des faits qui pourront réparer ce tort.

Je vais prouver que j'avois le caractère révolutionnaire, tel qu'on le veut aujourd'hui, dès avant la révolution ; que j'ai toujours été, par philantropie, l'ennemi des rois et des prêtres, que j'ai toujours regardés comme des sources d'ignorance, de préjugés, de sottises, de folies, en un mot comme les fléaux du genre-humain (1) ; qu'il est impossible par conséquent que je me sois prêté à aucun complot tendant à rétablir le *sacerdotisme, le royalisme ou le fédéralisme, ce qui est synonime à mes yeux :* (2)

---

mandé la publicité des séances de tous les fonctionnaires publics ; qui ait demandé que les juges opinassent hautement, et motivassent leurs opinions.

(1) Voyez la Feuille villageoise, n°. 52. 4 octobre 1792. « Il est plus facile qu'on ne le croit, dis-je, dans cette feuille, de rendre le peuple vertueux. *Anéantissons le règne des tyrans et celui des prêtres* ; que la bonne et véritable morale dégagée de toute métaphysique inintelligible soit disséminée partout ; en un mot, qu'on donne au peuple une instruction assortie à la nature de l'homme, et bientôt il sera sage par raison, et ce qui est mieux encore, à la seconde génération, il fera le bien *par sentiment, c'est-à-dire par une habitude invincible* ». Ce peu de mots dit beaucoup pour qui sait com-prendre ce qu'il lit.

(2) En effet ce système ne donneroit-il pas accès chez nous aux puissances étrangères par le défaut d'unité et de célérité dans l'action, par la difficulté de la défensive ?

que j'ai toujours voulu et dû vouloir la République une
et indivisible ; et que si quelques démarches de ma part

Ne faut-il pas pour l'intérêt des départemens du midi et de
l'ouest, des forces maritimes considérables, dont seuls ils né
pourroient supporter les frais ? Ne faut-il pas, pour l'intérêt
des départemens du nord et de l'est, de grandes forces de
terre pour assurer leurs frontières ? et comment seuls en sou-
tiendront-ils aussi la dépense ?

Une simple alliance entre les départemens seroit insuffisante
pour garantir la France des invasions de l'ennemi.

Chacun connoît les lenteurs qu'apportent à fournir leurs contingens les petits princes d'Allemagne, suivant qu'ils ont plus
ou moins d'intérêt à la guerre. Ces contingens à fournir seroient dans l'occasion une source de guerre civile.

Les départemens d'ailleurs n'ont - ils pas divers genres de
richesses dont quelquefois la loi doit forcer l'échange ou l'ex-
portation. Dans le système du fédéraliste , en cas de rupture
entre quelques départemens , il y en a qui seroient exposés
à mourir de faim par la défense d'échanger ou d'exporter.

Nous perdrions bientôt toute notre influence sur les intérêts
des nations : nous perdrions bientôt tous les moyens de faire
aimer et adopter par les différens peuples de la terre la déclara-
ration des droits de l'homme et notre constitution populaire.

En un mot ce système n'est autre chose que le royalisme
déguisé ; il l'introduiroit infailliblement , puisqu'il nous ôteroit
notre force pour résister à la coalition des tyrans. (De sorte
qu'en prouvant par des faits que je ne suis point un royaliste,
j'aurai aussi prouvé que je ne puis être un fédéraliste).

Ce système ne perdroit-il pas Paris ?... Paris, où , s'il est
ici permis de parler d'intérêt particulier pour mieux persuader
ceux qui estiment assez peu l'homme pour soutenir que c'est
toujours là le premier mobile de ses actions; Paris, dis-je,
où est toute ma fortune , sans qu'elle puisse être transférée
ailleurs; Paris que je dois aimer, puisque j'y suis établi, do-
micilié, et qu'il doit être mon séjour fixe, si les denrées re-
viennent à leur taux ordinaire.

avoient pu donner lieu de penser le contraire, c'est qu'elles auroient été mal interprétées, ou que j'aurois été dans l'égarement; et alors je pu is tout au plus être considéré comme un sot, mais jamais comme le complice d'aucune espèce de conspirateurs.

D'abord, suis-je dans le cas de regretter l'ancien régime ? jugez-en : je suis né dans la classe des sans-culottes, car mon père exerça un métier. En second lieu, ma famille a été écrasée par l'orgueil de cet ancien régime : mon père a poursuivi pendant dix ans des provisions pour une charge de ci-devant procureur du roi, dont il vouloit pourvoir l'un de ses fils; il y a épuisé une partie de sa fortune; et il a eu le chagrin de se voir toujours éconduit, parce qu'il étoit, en termes de cour, *de basse extraction.*

Gloire au gouvernement où, pour être quelque chose, il faut faire preuve de roture et de sans-culotisme, comme autrefois il falloit faire preuve de noblesse ou de bourgeoisie !

Que faisois-je avant la révolution ? quels étoient mes principes, mes occupations, etc ?

Grand nombre de mes concitoyens attesteront que je faisais profession de détester les rois et les prêtres leur appui, ces professeurs du mensonge. Les dévots, s'ils savoient que cela pût faire charge au procès, attesteroient qu'ils me regardoient comme un ante-christ, comme l'auteur des Trois imposteurs.

Avant la révolution, l'on m'avoit appliqué, en mon pays, presque comme un ridicule, le titre de philosophe par rapport à mes sorties continuelles contre les prêtres et leur charlatanisme; contre les grands, leur orgueil et leurs usurpations; contre les rois et le mépris qu'ils font de leurs semblables (*). Je ne professois alors aucun état ; je vivois

---

(*) Au mois de juillet 1792, un curé des environs d'Avallon vouloit s'assurer en quelque façon des témoignages contre moi, en présence des officiers municipaux, pour avoir

dans la retraite, content de peu, gémissant sur le sort de l'humanité tyrannisée ; cultivant paisiblement la morale et la philosophie, l'art de rendre les hommes heureux ; me nourrissant de tous les grands principes mis actuellement en pratique, et amassant enfin quelques matériaux pour être un jour dans le cas de présenter aux hommes certaines vérités dont l'objet principal étoit de faire considérer les rois et les prêtres comme le plus grand obstacle au développement des facultés de l'homme qu'ils ne peuvent soumettre à leur empire qu'avec le sceptre de l'ignorance et des préjugés (*).

---

dit dans le cours d'une discussion que le tems arriveroit peut-être bientôt où l'on sauroit se passer de rois et de prêtres, ou du moins que ceux qui en voudroient les payeroient : il me menaça même de mettre le peuple après moi, et de me faire chasser du village, si jamais je venois prêcher dans *son* église, comme j'avois fait ailleurs.

(*) Un trait qui caractérise bien mon esprit *philosophiquement* révolutionnaire, c'est que lorsque l'athéiste et montagnard Jacob Dupont eut lu, à la tribune, le fameux discours qui fit dresser les cheveux sur la tête des rois et des Pitt qui tous ne se piquent guères de philosophie, et qui porta l'épouvante dans le conclave, et sur-tout dans le cœur du vieux Muphti Latin ; je m'élevai vigoureusement contre les improbateurs de ce discours, en m'écriant que je me faisois gloire de partager les opinions de Jacob Dupont, et que je me flattois néanmoins (alors je frappai avec force mon cœur de ma main) d'être aussi pur que le plus honnête d'entre ceux qui ne les partageoient pas; que Jacob Dupont venoit d'avancer la marche de la philosophie et de la raison humaine d'un demi-siècle, en annonçant de telles vérités à la face de l'univers. J'ai dit cela au milieu du bruit, mais cependant j'étois assez près de la montagne pour qu'elle m'ait entendu.

D'après la manière dont j'ai poursuivi les préjugés, s'il m'arrivoit quelque chose dans cette malheureuse affaire, ce

Qu'ai je

Qu'ai-je fait depuis la révolution ?

Dès ses premières explosions, au commencement de
89, je travaillai à la formation d'un club dans lequel
s'engouffra et se perdit une société de musique dont j'é-
tois membre, qui faisoit les délices de tout Avallon : la
révolution devint ma passion exclusive et favorite.

On ne pouvoit guère alors choisir les sujets à son gré,
aussi ce club étoit-il un mélange de patriotisme, d'aristocratie, de sacerdotisme ; mais il falloit commencer par
quelque chose, il falloit des fonds, etc.

J'eus dans cette société trois débats violens ; l'un avec un
ci-devant soi-disant noble, aristocrate à outrance, et vi-
vant aujourd'hui en liberté comme un républicain, tandis
que moi républicain je suis enchaîné comme un esclave :
l'un, dis-je, avec cet aristocrate sur les droits féodaux dont
e demandois dès-lors la suppression : l'autre, avec un ex-
chanoine au sujet de la secte monacale, dont je demandois l'anéantissement *pour commencer*. Le troisième avec le
frère d'un Américain sur l'esclavage des nègres, débat
où je montrai toute l'indignation d'un homme libre, lorsque cet inhumain me dit que *les nègres étoient la propriété
de son frère*. C'étoit dans les premiers mois de 89. Je demande s'il y avoit alors beaucoup de François qui fussent
aussi avancés que moi dans la révolution.

Le 14 juillet approche ; des courriers nous apprennent
que Paris est cerné par une armée de 30 à 40 mille hommes
pour contenir l'ardeur de ses habitans, tandis que la cour
s'occupera de dissoudre l'Assemblée Nationale : une autre
nouvelle accompagne celle-là ; c'est que dix mille Bretons
s'avancent, en recrutant sur leur route, pour défendre

____

seroit bien le triomphe du fanatisme. Les hommes encroûtés de
préjugés ne manqueroient pas de dire que c'est une permission
de leur Dieu.

Paris et l'Assemblée Nationale . c'est le soir du 12 ou 15 juillet que j'apprends cette nouvelle , et le lendemain je pars avec mon fusil à deux coups , et le contrat social en ma poche, pour aller joindre les Bretons , après avoir cherché à entraîner la jeunesse de mon pays : ce ne fut que dans ma route que j'appris la prise de la bastille,

Il auroit fallu me voir en entrant dans Paris , me jetter au cou de tous les gardes françaises que je rencontrois , et leur donner pour boire ! étois-je révolutionnaire ?

Pendant plus de trois mois , l'enthousiasme de la révolution me retint à Versailles et à Paris. Je suivois régulièrement l'Assemblée , et je puis me flatter d'avoir poussé à la roue comme les meilleurs patriotes.

Maret que l'infâme Autrichien vient d'arrêter avec Sémonville , Maret dont je devins l'ami par uniformité de principes , et par l'habitude de suivre ensemble les débats de l'Assemblée qu'il rédigeoit dans le Bulletin national , seroit un témoin bien favorable de mon ardent patriotisme.

Au bout de quelques mois je revins dans mon pays où je ne contribuai pas peu à former l'esprit public , à organiser la garde nationale , et à la mettre en activité.

Au mois d'avril 90 , je fus nommé électeur : rendu à l'assemblée électorale , je fis un discours dans lequel je demandois indirectement l'exclusion des nobles et des prêtres de toutes les fonctions publiques.

J'engageois ces deux castes dévastatrices à faire entr'elles une généreuse confédération d'ostracistes ou de pétalistes pour renoncer à toutes les places pendant dix ans , puisqu'elles portoient ombrage à la liberté. — Voici un extrait de ce discours.

« Ces fantômes d'un long rêve , ou ces rêves d'une longue vie , qui flattoient d'autant plus l'imagination des hommes abusés , que ces mêmes hommes étoient plus étrangers à la philosophie ont disparu en un instant : en un mot il n'existe plus de noblesse ».

(11)

» Hé bien , MM, ceux qui les possédoient peuvent en recouvrer de cent fois plus honorables et plus brillans ».

. . . .

» Une carrière de vertus nouvelles s'ouvre devant vous, et certes la gloire que vous y acquerrez ne sera pas mobile et fugitive comme la précédente. Ah ! si j'ai quelque chose à regretter à cette époque brillante , c'est de n'être ni seigneur , ni abbé , ni privilégié pour donner l'exemple des vertus patriotiques ».

« Vous le savez , MM. , les défiances et les inquiétudes accompagnent toujours dans les révolutions la conquête de la liberté : on craint de perdre ce qui a coûté tant de travaux et d'efforts ».

« Dans ce moment donc, la nation s'effraye, et vous en êtes sûrement instruits ; la nation s'effraye de l'idée de vous voir dans les places ; elle craint que vous n'y apportiez l'esprit de l'ancien systême, et que les nouvelles lois n'ayent à souffrir quelques atteintes de votre part ; faites voir que vous êtes dignes de les occuper en les refusant , remettez à des tems plus propices le bien que vous pourriez faire en ce moment à la France , etc. . . . .

. . . .

« Le peuple est devenu chatouilleux , si j'ose parler ainsi, sur tout ce qui a rapport à la liberté ». . . . .

. . . .

« Le moindre soupçon d'un attentat à cette précieuse conquête, quelque mal fondé qu'il fût , rallumeroit ses fureurs ; et les maux qui en résulteroient seroient d'autant plus incalculables , que peut-être il se croiroit trahi ; qu'il ne sauroit plus à qui donner sa confiance , enfin qu'il n'auroit plus que le désespoir pour guide ». . . . .

« Dans l'ivresse d'une liberté naissante , les inquiétudes rendent facilement soupçonneux ».

« Dans ces conjonctures , évitez donc tout ce qui peut faire craindre des troubles ».

« Quel grand et sublime dévouement à donner en ce

moment ! Vous connoissez , messieurs, cette loi de l'os-
tracisme que l'on prononçoit à Athènes contre ceux qui ,
par leur fortune, leurs talens. ou leur crédit , *pouvoient
alarmer le patriotisme des citoyens républicains* : vous la connoissez, messieurs , cette loi ; hé bien ! prononcez la vous-
mêmes , contre vous-mêmes, c'est alors que vous serez
vraiment grands, vraiment nobles ,,. . . . .

. . . .

« C'est alors que vous serez vraiment dignes des faveurs
du peuple ; car comme l'a dit un grand homme , *les di-
gnités ne seront jamais mieux occupées que lorsqu'elles ne seront
accordées qu'à ceux qu'il faudroit forcer pour les accepter* ,,..

. . . .

. . . .

« Il faut avoir le courage de renoncer aux places d'ad-
ministrations , aux places de représentans de la nation. Il
faut le déclarer , le publier, le vouloir absolument , et
si l'on vous y nomme il faut persister dans vos refus; il
faut abdiquer avec persévérance : c'est ainsi que les soup-
çons n'atteignent jamais la réputation ,,.

L'historique des effets que produisit cette motion, le
détail des persécutions qu'elle me fit essuyer seroient
trop longs à faire : ce qu'il y a de sûr, c'est qu'on
ne fit jamais tant souffrir le moral d'un homme. Une
grande partie de l'assemblée fut déchaînée contre moi,
au point qu'on vint me menacer de me jetter en bas de
la tribune. Le courage et le bon sens des sans-culottes
me soutinrent seul, contre tous les efforts de mes ennemis, et il fallut leur accorder l'impression du discours.
Ces bons sans-culottes m'offrirent même une place dans
le département , et je la refusai pour faire taire mes
ennemis.

Je n'en eus pas moins des persécutions à souffrir de
plus d'un genre : pendant long-tems ; ce fut à qui me
vexeroit davantage jusques dans mon propre pays, pour

cette motion que l'on disoit insensée, ridicule, in-
cendiaire, etc. etc.

Lecteur, remarquez, je vous prie, que c'étoit en
novembre 90, et avouez qu'il falloit avoir le caractère
un peu révolutionnaire pour faire dans ce tems une
pareille motion, qu'il falloit sur-tout bien sentir ce qui
pouvoit assurer le succès de cette révolution.

En novembre 1790, je fus promu à la place de juge de
paix bien malgré moi, (c'est ce que peuvent attester
quelques amis,) car je n'ai jamais aimé les places, et
j'avois d'autres moyens de servir la République.

Comment l'ai je exercée? comme un véritable homme
de bien, comme un sincère ami du Peuple, et, quoique
presque sans fortune, avec un désintéressement sans
exemple.

Quelque tems après ma promotion, je fus envoyé à
Paris par mes concitoyens, en qualité de député, pour
affaires très-intéressantes (*).

(*) Toutes les actions de ma vie ont été marquées au coin
de la droiture, et de la plus exacte probité.

En partant pour Paris, je dis à mes concitoyens que je ne
voulois pas qu'ils me payassent, selon leur usage, 9 ou 12 l.
par jour, mais qu'ils me rembourseroient seulement à vue de
mémoire.

Hé bien! je vivois en républicain à Paris, avec une simpli-
cité et une économie que je n'observe pas quand il s'agit de
mes propres intérêts ; avec une économie telle que ma dépense
n'a été qu'à 4 liv. par jour à peu près. Voilà comme on doit
travailler pour la chose publique. Je fus absent pendant plus
de huit mois. On voit que j'épargnai beaucoup d'argent à la
commune.

Je ne veux rien prouver autre chose par ce fait, sinon que
je suis un honnête homme, et que je ne puis être devenu tout
à coup un scélérat, comme je l'entends crier tous les jours sous

Voulant apprendre aux aristocrates qui calomnioient les patriotes , qu'on pouvoit aimer la révolution pour elle-même , je profitai du moment pour faire hommage , par l'organe de Barère , à l'Assemblée Nationale de mes talaires de juge de paix. Moi je voulois donner tout bonnement , et sans ostentation , mes douze cents livres des deux années d'exercice ; ce fut Barrère qui me fit présenter ce don sous une forme plus ingénieusement utile. Je donnai trois cents livres pour entretenir un garde national aux frontières à ma place ; je consacrai 600 livres à éteindre les procès des habitans des campagnes en payant pour les indigens ; et les trois autres cents liv. furent consacrées à des abonnemens à la Feuille villageoise pour ces mêmes indigens.

Je n'en fus que plus attaché à mes devoirs , j'ose le dire , plus exact à les remplir : j'étois juge *extrà muros*, il falloit souvent sortir : ni la pluie , ni la neige , ni la grêle ne m'arrêtoient dans l'occasion. J'ai rempli mes fonctions avec distinction et à la satisfaction de tout le monde. Je concilois plus souvent que je ne jugeois , parceque je n'épargnois 'pour cela ni soins ni peines. Jamais il n'y eût appel d'une seule de mes sentences. J'allois jusqu'à épargner les frais de citation , en envoyant des avis que j'avois fait imprimer : je mandois pour venir traiter fraternelement , et je finissois par faire embrasser les plaideurs , et les renvoyer contens les uns des autres et de moi.

Jamais je n'ai fait payer les rétributions particulières accordées par la loi pour appositions et levées de scellés , tutelles , curatelles , etc. Il me sembloit qu'il y auroit eu de

---

mes fenêtres. *Nemo repente fuit turpissimus*, dit Juvénal. Le crime a ses degrés. Un homme qui fut toujours honnête , ne devient pas tout à coup un homme susceptible de corruption. Pour moi, je suis d'un âge à ne plus changer ; ce que j'ai été jusqu'à présent, je le serai toujours.

quoi rougir de recevoir de l'argent d'une main malheureuse
où l'on voyoit l'empreinte d'un travail dur et pénible.

Quoique j'aye à peine de quoi vivre, j'ai encore pendant l'exercice de mes fonctions dépensé au moins 300 livres du mien. Depuis que je suis à la Convention, j'ai renouvellé des abonnemens à la Feuille villageoise pour 34 municipalités de villages (*). Voilà ce que j'ai fait dans la seule intention de faire aimer la révolution au peuple, et de mériter l'estime de mes concitoyens par l'exemple des vertus civiques.

Si celles que j'ai pratiquées sont obscures, en ont-elles moins de mérite ?

Encore un mot relativement à ma place de juge de paix : c'est que dans mes sermons, (car j'en faisois de tems en tems à la campagne, qui ne ressembloient en rien à ceux des prêtres,) dans mes sermons, on m'a souvent entendu préparer l'esprit des habitans des campagnes à la haîne des rois et à l'anéantissement des préjugés religieux, en leur parlant des avantages d'une république et de la liberté des cultes,

On m'a plus d'une fois entendu dire assez hautement que tant qu'il existeroit des rois et des prêtres, l'espèce humaine resteroit dans l'abrutissement, et ne parviendroit jamais à la perfection dont elle est susceptible, ne jouiroit jamais de la liberté et du bonheur : le règne des rois devant toujours amener le règne des prêtres et *vice versà*.

Je continue l'histoire de ma conduite révolutionnaire, toutefois en oubliant plusieurs circonstances où je n'ai pas craint d'exposer ma vie, tant à Paris qu'ailleurs, toujours

---

(*) Voyez le No. 6 de la Feuille villageoise, 8 novembre 1792, qui en fait foi. — Lisez mon instruction aux habitans des campagnes, ce sont toujours les mêmes principes.

pour servir la liberté ; en oubliant ces circonstances, dis-je, parce qu'il ne faut pas parler de manière à ennuyer , mais seulement de manière à se justifier.

Prouvons maintenant , par des faits positifs , que je ne suis point un royaliste , ni par conséquent un fédéraliste, ayant démontré dans une note que ces deux mots sont synonymes.

En avril 1791 , étant à Paris en qualité de député, je fis insérer dans le journal des Clubs un article qui renferme ce passage :

« Je n'ai jamais aimé le titre de roi, parce que j'ai
» toujours dit que par-tout où il y auroit un roi, il y auroit
» une cour, c'est-à-dire, un centre de corruption, un
» foyer de servitude, et jamais de mœurs ; que par-tout où
» il y auroit une cour, avec des faveurs et des graces à
» distribuer, il y auroit de l'intrigue et de la bassesse em-
» ployées pour obtenir ; que dans tout état où il y auroit
» un roi distributeur de places et de récompenses, il y
» auroit un roi distributeur d'insolence, d'orgueil, de
» vanité, de ridicules prétentions, en ce que tout ce qui
» ne s'obtient que par l'intrigue et la faveur, inspire toutes
» ces belles qualités, et qu'il en est autrement des places
» conférées par un peuple éclairé : on ne les obtient que
» par des vertus, et les vertus sont ennemies de l'orgueil
» et de l'insolence qui détruisent l'égalité, la base d'une
» constitution ». (*Voyez le journal des Clubs, du 23 avril* 1791.)

Je demande encore si à cette époque on trouvoit beaucoup d'hommes en France qui osassent afficher ainsi publiquement la haine du royalisme. On voit que cette haine est dans mes veines, et qu'elle y circule avec mon sang.

Le 21 juin, le traître Capet fuit ; et sans parler de tout ce que je fis de convenable aux circonstances tant aux Jacobins que dans les groupes, je dirai que j'écrivis plu-

sieurs

sieurs lettres à la société populaire d'Avallon où je lui prouvois l'absurdité de la royauté et l'immoralité de la réintégration de Capet sur le trône, pour l'amener aux principes des Jacobins (*).

Au mois de septembre suivant je fus, pendant mon absence, nommé électeur, et lorsque j'arrivai à Auxerre, à mon retour de Paris, où j'avois toujours été en qualité de député de ma commune, ce fut moi qui ramenai sous les drapeaux du Jacobinisme, la société d'Auxerre un peu égarée par quelques feuillans dans le tems de la fameuse scission, qui faillit tout perdre. La lettre d'affiliation fut même dictée par moi sur le bureau. Maure peut se rappeller ces faits.

Pourquoi donc étois-je si dévoué aux Jacobins si ce n'est parce que je savois qu'ils vouloient la République? Pourquoi détestois-je les feuillans, si ce n'est parce que je leur connois le goût de la monarchie? Donc je ne suis point un royaliste.

Mes collègues de l'Yonne peuvent dire quels efforts j'employai pour empêcher l'assemblée de porter à la

---

(*) La société populaire d'Avallon a derniérement consigné dans ses registres l'attestation de ce fait, ainsi que de plusieurs autres de ce genre, tels, par exemple, que celui-ci; c'est qu'après l'affaire du 20 juin, lorsque la proclamation du pouvoir exécutif infectoit l'esprit public, en combattant à la tribune de cette société des royalistes qui blâmoient les Jacobins, et prenant leur défense avec chaleur, je vantai dès-lors devant tous mes concitoyens, le gouvernement républicain, pour leur en donner un avant-goût; aussi, lorsqu'il a été question de rédiger l'attestation de ces faits, toutes les tribunes se sont-elles écriées qu'elles vouloient la signer. On m'a annoncé qu'on devoit en envoyer deux copies revêtues de signatures de Sans-Culottes, l'une à la Convention, l'autre aux Jacobins. En attendant, j'ai fait passer au comité de sûreté générale l'expédition que j'en avois reçue.

C

législature , un aristocrate qui tenoit au traître d'Artois,
et qui n'a que trop prouvé combien j'avois raison : je
savois qu'il pouvoit arriver que toutes mes démarches
n'aboutissent qu'à me créer une foule d'ennemis , parce
que je connoissois toute l'influence du charlatan : je
n'en travaillois pas moins à l'éloigner d'une place dont
il n'étoit pas digne. Je n'ai jamais voulu devoir les suf-
frages de mes concitoyens à la dissimulation , et à l'oubli
des devoirs d'un bon patriote.

Dans cette même assemblée je fis preuve de sans-culotisme en faisant nommer un cultivateur au dernier
scrutin. Ici se présente naturellement un fait , qui en
prouvant encore mon désintéressement , doit faire croire
à mon incorruptibilité.

Lorsque j'eus réussi à faire nommer ce cultivateur,
tous les sans-culottes se réunirent , et ils m'envoyèrent
trois ou quatre d'entr'eux pour me remercier et m'offrir
en même-tems la place de premier suppléant , ou celle
d'administrateur au département , en me témoignant
leurs regrets de ce qu'il n'y avoit plus de nomination à
faire pour la législature. Je me refusai constamment à
leurs offres , et je voulus rester juge de paix : je servois
assez puissamment la révolution dans cette place.

Mais écoutez , comme preuve de mon sans-culotisme ,
ce que j'écrivois dans un discours à tous les électeurs de
l'empire François , inséré dans le n°. de la Feuille villageoise de 25 août 91.

» Ainsi donc , pour le progrès des lumières ; pour l'hon-
neur de l'humanité ; pour le salut du peuple indigent qui
est la plus nombreuse portion du genre humain , et qui,
pour cela seul , doit attirer toute notre attention ; pour
le bien de l'agriculture qu'il faut honorer afin qu'elle
prospère , pour le systême de l'égalité sans laquelle il
n'y a plus de constitution ; enfin pour donner au monde
une grande leçon du respect que, par philantropie, et
pour l'avantage de la société , il faut accorder à toutes les

professions laborieuses et productives , je dis que vous
devez, amis et collégues, nommer pour la législature , au
moins un laboureur d'une expérience et d'une probité
reconnues : chaque département adoptera cette idée ,
etc. ».

En 92 , lorsque la loi du 22 juillet relative à une levée
de nouveaux bataillons de gardes nationaux parut, je fis
un discours sur la place publique pour encourager les
jeunes gens à voler aux frontières : ils se réunirent au
nombre de trente, et jurèrent entr'eux de partir si je voulois être leur chef, et les conduire. Hé bien ! j'acceptai
l'offre, je leur promis même de ne revenir à mes fonctions de juge de paix, qu'après avoir fait avec eux une
chasse aux houlans ou aux tyroliens. —— Telles furent
mes expressions.

Il me falloit un décret de l'Assemblée, je l'obtint le 22
août, mais au moment de réaliser le projet, l'enthousiasme des trente jeunes gens disparut par l'effet des do-
léances maternelles ou amoureuses, et il ne tint pas à moi
de faire en cette circonstance le sacrifice de ma vie pour
donner l'exemple du courage et du dévouemen. Je dis le
sacrifice de ma vie, car ceux qui connoissent ma santé ,
savent si je suis dans le cas de supporter les fatigues de
la guerre : sans parler des autres dangers.

Le 24 août, j'envoyai au nom de la commune d'Avallon, une adresse à l'Assemblée qui prouve combien j'ad-
mirois la révolution du 10 , et quelles étoient mes dispositions pour la République. Voici un fragment de cette
adresse qui avoit été précédée d'une autre non moins vi-
goureuse (1).

____

(1) L'original de cette adresse est sûrement au comité des
pétitions. Pour moi j'en ai trouvé par hasard le brouillon dans
mes papiers, signé des commissaires rédacteurs qui m'étoient
adjoints.

Législateurs,

« N'aguères, au milieu des inquiétudes que nous donnoit la perversité de la cour, nous jettâmes dans le sein de cette assemblée le cri d'une sainte colère.

» *L'intrépide Cassius, écrivions-nous, disoit au fier Brutus, son ami: Tu dors Brutus, et Rome est dans les fers! En ce moment vos amis vous adressent de toutes les parties de l'empire, à peu près les mêmes expressions, etc.*

» Mais..... ce n'est pas envain qu'on parle le langage du sentiment à des hommes d'un grand caractère. Le fier Brutus vient enfin de se réveiller: il vient d'arracher le poignard du sein de la nation, de jurer sur cette arme sanglante une haîne éternelle à l'assassin, avec serment de le chasser du trône lui et toute sa famille : *nous ne concevons pas autrement ce serment de l'égalité :* déja le peuple est convoqué , et sans doute il confirmera l'arrêt du sénat qui proscrit à jamais les Tarquins.....

. . . .

Si des légions de barbares sont à nos portes. elles apprendront ce que pesent les bras des hommes libres. S'ils entrent, tant mieux , ce fut l'invasion des perses qui apprit à la Grèce à connoître ses forces et ses avantages. . . . .

. . . .

» La régénération universelle ne peut avoir de succès que par l'anéantissement de tous les tyrans. C'est maintenant qu'ils sont mûrs, législateurs, c'est maintenant qu'il nous les faut abattre. Armés de la hache de la liberté par les mains de la raison et de la philosphie, faisons une guerre à mort au despotisme ».

Qu'il tombe pour jamais ce cèdre dont la tête
Défia si long-tems les vents et la tempête !

Le tyran étoit donc jugé par moi avant d'arriver à la convention: j'avois déja dans mon cœur proclamé la république, et je la demandois assez précisément. Aussi grand nombre d'aristocrates refusèrent-ils de signer cette lettre à Avallon.; telle fut ma pierre de touche pour les reconnoître.

Je fus nommé électeur: rendu à Sens, je fis un discours qui respire les sentimens les plus énergiques. Ce discours n'est certainement ni d'un modéré, ni d'un feuillant. On y voit encore clairement ma haine pour la royauté et mon espoir de vivre républicain. Je disois, page 6 de ce discours imprimé par ordre de l'assemblée:

« Il faut, du ton des prophêtes, dire hardiment qu'il ne s'agit ici de rien moins que de partager les bienfaits de la liberté avec toutes les autres nations : qu'il s'agit de rapatrier tous les membres de la famille humaine répandue sur toute la surface de la terre , par la promulgation universelle de la souveraineté du peuple, et de *la réintégration des rois dans le rang vraiment honorable pour eux de citoyens soumis à la loi, c'est à dire, à la volonté générale.*

Est-ce donc un royaliste que celui qui veut que les rois redeviennent de simples citoyens ? J'avois quelque tort cependant, car je vois qu'il n'y a pas d'autres ressources avec ces tigres , pour rendre les peuples tranquilles , que de les envoyer tous rendre compte à Gustave III et à Léopold II du courage de nos armées républicaines.

Poursuivons ,

Je vins à la Convention : comment ai-je voté dans les quatre questions qui , *ainsi qu'on le prétend,* ont établi la ligne de démarcation entre les royalistes et les républicains ? J'ai voté dans les quatre questions comme la montagne; et Billaut-Varenne devient lui-même mon défenseur, quand il dit dans son rapport sur les députés détenus : « jamais les ennemis implacables de l'oppression royale, ont-ils renversé le tyran pour en recréer de nouveaux » ? Mais ce qui est encore moins équivoque que cette conjecture, c'est le ton républicain qui règne dans ces opinions.

Voyez celle qui contient le plus de détails, page 24. Voici comment je m'explique.

« L'on croyoit qu'un roi étoit le membre le plus essentiel du corps social ; mais en y regardant de près, on a reconnu qu'il n'en étoit qu'une protubérance informe et monstrueuse, une excroissance nuisible et parasite, et le scalpel des patriotes l'en a séparé, etc. Est-ce là du royalisme » ?

Enfin je n'ai pas écrit un mot qui n'exprime la haîne des rois, des nobles et des prêtres. Vous en trouverez encore une nouvelle preuve dans le n°. de la Feuille villageoise, du 21 juin 92, page 1 et suiv.

Que l'on fasse donc ensorte de concilier chacune de mes démarches avec l'idée de royalisme. Voici un autre fait encore bien positif :

Que l'on cherche au comité de sûreté générale, on y trouvera une lettre qui m'a été écrite par les républicaius de mon pays, contre les menées des royalistes, et afin de donner un démenti à ces derniers qui reclamoient, au nom de la commune indulgence pour Capet : et cette lettre c'est moi qui l'ai déposée après avoir lu à la Convention, en propres termes, ce qui suit :

» Le conseil général de la commune d'Avallon dénonce, aux termes de la loi du 11 août sur la police de sûreté générale, des mouvemens de révolte que veulent exciter des mal-intentionnés à l'occasion de Louis Capet. Il y a eu des placards incendiaires contre les patriotes et la Convention elle-même, affichés la nuit dans les rues ; on a semé dans la ville de petits billets infectés de royalisme. Je demande que la lettre qui renferme ces plaintes, soit renvoyée au comité de sûreté générale ». Ce renvoi fut ordonné, et quelques papiers publics ont parlé de la dénonciation, entr'autres, m'a-t-on dit, le Journal des débats.

Je demande, d'après tout cela, si on peut raisonnablement m'accuser de vouloir favoriser rien de ce qui peut ressembler à l'ancien régime. Si l'on peut m'accuser d'avoir *conspiré contre l'unité et l'indivisibilité de la République, contre la liberté et la sûreté du peuple François.*

Aussi je l'avouerai franchement, je fus plus étonné de mon arrestation, que le doge de Venise ne le fut de sa translation à Versailles : je m'éffrayai pour la liberté : je crus un moment à la contre-révolution. M'imaginant que mon civisme étoit tel que personne n'en pouvoit douter : je disois, voilà les républicains qu'on arrête, tout est perdu.

Mais la trahison de Toulon m'a bien dessillé les yeux. Je reviendrai dans un moment sur cet objet. — Je veux avant me justifier sur d'autres inculpations.

L'on me reproche d'avoir été de la COMMISSION DES DOUZE : je réponds que le choc des passions, que les accusations réciproques ne m'ayant plus permis de distinguer les vrais coupables dans la Convention, ceux qui trahissoient les intérêts du peuple, je vis cette commission comme un moyen de parvenir à cette connoissance, je pensai que je pouvois découvrir dans l'intimité de la confiance qui pouvoit s'établir entre des collaborateurs, quels étoient les principes et les opinions politiques du côté droit. Le besoin de repos que mon imagination éprouvoit, me pressoit de saisir l'occasion de connoître le dégré de confiance qu'il falloit accorder à tous ces récits de complots qui se faisoient chaque jour.

Ne m'étoit il pas permis de croire que je pouvois, dans cette commission, me rendre de quelqu'utilité à la République, lorsque cette commission étoit formée sur la demande du comité de salut public qui sembloit avoir la confiance de la Convention, sans réclamation de la part de la Montagne ; et lorsqu'au contraire, plusieurs de ses membres sembloient craindre ces attentats, et s'en rendre les dénonciateurs ?

Voyez le Moniteur, séance du 23 mai ; Legendre ne dit-il pas :

« Je soutiens qu'il n'y a qu'un homme vendu, ou un
» scélérat qui puisse proposer de porter atteinte à la re-
» présentation nationale : je le déclare ici, s'il y avoit un
» individu qui voulut se porter contre la représentation
» nationale, il faudroit qu'il m'eût terrassé avant d'arriver
» à son but ; et je fais la motion expresse que la Conven-
» tion rende responsable tous les présidens de section
» ou des sociétés, des motions faites par des hommes
» égarés, s'ils ne les rappelent à l'ordre, ne les font pas
» arrê er, et ne les livrent pas aux autorités constituées
» qui doivent en connoître ».

Ne m'étoit-il pas permis de croire que je pouvois être
de quelqu'utilité à la République, lorsque chacun disoit,
de toutes parts, que les guinées de Pitt avoient une
grande influence sur les mouvemens qui avoient lieu ; lorsque des hommes dignes de foi, et républicains, m'avoient
assuré avoir entendu dans les corridors de la salle, des
aristocrates de profession dire au peuple: « Non, non,
» jamais on ne fera rien de bon ici, que l'on n'ait chassé
» ces coquins d'appelans ;.... que l'on n'ait fait tomber
» les têtes de plusieurs d'entr'eux » ?

Il faut convenir ici qu'on pouvoit bien suspecter des
mouvemens sollicités par les aristocrates, et qu'il étoit
bien pardonnable de chercher à les entraver, quand on
n'en connoissoit pas les avantages, et qu'on en craignoit
les suites pour la liberté.

On me reproche d'avoir donné mon consentement pour
faire arrêter deux citoyens : d'abord je n'y consentis qu'à *la
condition d'en référer dès le lendemain matin à la Convention*,
tant je craignois une méprise ; en second lieu, l'un, disoit-
on, excitoit publiquement, sur des tréteaux, auprès du
palais national, le peuple au massacre et au pillage ; il
vouloit que ce fût pendant la nuit même qui s'avançoit
que le peuple fit insurrection contre les députés, etc.

Quant à l'autre citoyen, comme je vis fort isolé, et
que je lisois fort peu de papiers-nouvelles, il n'est pas

étonnant

étonnant que je ne la connusse que vaguement : donc je ne pouvois savoir de quelle nature étoit son patriotisme. Ce qu'il y a de sûr, c'est qu'on présenta à la commission quelques-unes de ses feuilles vraiment effrayantes dans le moment par leur co-incidence avec les motions du premier.

» Le foyer de la conspiration ; y est-il dit, est dans le sein de la Convention.... il est parmi les appellans.. . . . . *Peuple, il est tems que le sang coule* » . . . .

En admettant même les meilleures intentions du monde pour la liberté, en interprétant ce passage comme l'effet d'un patriotisme ardent ; n'étoit-il pas nécessaire de prendre des précautions pour prévenir des malheurs ? Le contingent de ma responsabilité ne m'en faisoit-il pas un devoir ? N'eût-ce pas été un grand malheur que quelques hommes égarés se fussent portés chez les députés ou à la Convention pour commettre des attentats sur leurs personnes ?

Qui peut se dissimuler que les aristocrates ne soient toujours à l'affut des moindres mouvemens pour en tirer parti au détriment de notre liberté, comme les coquins courent aux incendies sous prétexte de donner secours, mais uniquement pour voler ?

Qui peut nous répondre que lorsqu'un parti eût été détruit, les affiliés de Cobourg et de Pitt n'eussent profité du moment pour détruire la Montagne à son tour ?

Voyez quelle étoit ma situation !.... Je me trouvois entre deux feux sans le savoir : responsable des événemens envers la nation, d'un côté ; s'il fût arrivé certains malheurs faute de précautions, on m'eût accusé peut-être de complicité.

De l'autre, ces précautions devoient me faire traduire au tribunal révolutionnaire : c'étoit bien être jetté entre les deux écueils, Carybde et Sylla.

Au surplus, je déclare que mon intention étoit de me retirer de la commission des douze du moment que j'eusse pu voir un peu clair dans toutes les machinations qui faisoient tant de bruit : donc je n'étois pas là comme un contre-révolutionnaire.

Ici je vais présenter mes réflexions sur la commission des douze.

La trahison de Toulon indubitablement coalisé avec Marseille , Lyon , etc. annonce une vaste conspiration ; et il n'est que trop vrai que la commission des douze pouvoit devenir entre les mains des ennemis de la République un instrument de contre-révolution , sans que la plupart de ses membres s'en doutassent.

Avec elle , sous prétexte de rétablir l'ordre ; on pouvoit anéantir l'énergie des patriotes , et dénaturer insensiblement l'esprit public. De fausses déclarations pouvoient faire commettre de grandes erreurs.

Les projets d'un parti contre-révolutionnaire que je vois se manifester de toutes parts ; les mouvemens des royalistes , dont à chaque pas on trouve en ce moment des traces : mouvemens qui ont toujours eu pour prétexte cette anarchie , ce désordre , ces élans convulsifs du patriotisme terribles dans leurs effets , mais que fait naître souvent leur propre conduite ; tout cela me prouve que l'aristocratie , le royalisme , ou le fédéralisme eussent pu se servir bien utilement de la commission des douze pour executer indirectement leurs horribles desseins. Sous ce rapport je ne me pardonne pas d'en avoir été ; et j'ai le courage de le déclarer à tous les républicains qui me liront. J'ai été trompé par mon zèle pour l'ordre , et par le désir trop ardent et prématuré peut-être de voir règner les vertus nécessaires au maintien des républiques ; mais jamais il n'a pu être dans mes intentions de seconder les manœuvres des ennemis du dehors ou de l'intérieur, royalistes, aristocrates , ou fédéralistes ; je l'ai suffisamment démontré.

Je réponds à une autre objection , car je veux satisfaire à tout.

On a été étonné de voir un homme qui jusqu'alors

avoit eu la réputation d'un *patriote enragé* , montrer quelquefois de l'opposition aux opinions de la Montagne , et condamner ses terribles agitations.

D'abord je réponds , que n'ayant pas toujours joui d'une bonne santé , elles fatiguoient souvent mes organes ; et chacun sait combien le physique influe sur le moral.

En second lieu , m'étant accoutumé , à l'école du philosophe Montagne , à regarder le doute comme le chemin de la vérité , je me suis fait un septicisme qui dans cette circonstance m'a toujours empêché de croire à la réalité des conspirations sans cesse dénoncées : de-là cette humeur contre les dénonciateurs qui ne prouvoient pas assez. Je ne pouvois imaginer que nous fussions ainsi travaillés , en sous œuvre , par le royalisme ; et j'attribuois les emportemens de chacun aux vengeances , aux haînes , aux jalousies : de-là quelqu'éloignement de ceux qui montroient le plus de ces emportemens.

D'ailleurs j'étois persuadé que pour sauver la chose publique il ne falloit que nous aimer et nous entendre : de là cette colère de sentiment dont j'ai accablé quelques uns de mes collègues lorsque je leur voyois des dispositions hostiles envers tel ou tel député.

Je voulois la liberté aussi ardemment que la Montagne ; mais il me paroissoit alors que nous pouvions arriver à notre but par des moyens moins violens , plus convenables aux mœurs républicaines : je craignois que les excès ne tuassent la liberté ; que la terreur ne façonnât de nouveau les français au joug de l'esclavage , car la terreur est aussi le grand ressort du despotisme.

Et puis , je dois le dire , on m'avoit fait craindre la dictature , ou le triumvirat. Et cet établissement n'eût-il été demandé que provisoirement , pour l'intérêt même de la liberté ; j'y aurois apporté tous les obstacles qui eussent dépendu de moi.

Je sais trop combien il est difficile à l'homme de se dessaisir du pouvoir suprême lorsqu'une fois il a su l'alfermir dans ses mains. L'histoire nous fournit à cet égard des instructions propres à alimenter notre défiance, et à nous mettre en garde contre l'astuce des ambitieux.

César n'eut l'air aux yeux du peuple romain que de vouloir raffermir ses droits, et il se créa son maître. Cromwel ne se présenta aux anglois que sous le titre de protecteur, et il devint leur roi. Maurice paroissoit n'aspirer qu'à être le restaurateur de la liberté de la Hollande, et il en vouloit au stadhoudérat; c'est comme si je disois à la monarchie, etc., etc.

Mais laissant à l'écart ces frayeurs pour la liberté, qui ne sont plus de saison; quelle raison puis-je donc avoir de ne pas tendre au même but que la Montagne? Si tout autre parti venoit à triompher, ne seroit-ce pas pour nous donner un roi? Ne serois-je pas alors pendu comme tous les montagnards pour avoir voté la mort du tyran sans appel et sans délai? Le bon sens me fait donc une loi de ne pas séparer mes intérêts de ceux de la Montagne.

Il est donc ridicule de me prendre pour un conspirateur; car nul ne peut raisonnablement soutenir qu'on veuille conspirer pour se faire pendre.

On a beaucoup parlé des conciliabules de Valazé : eh bien! je déclare que je ne sais point ce qui s'y passoit, car je ne les ai jamais connus, je n'y ai jamais assisté une seule fois..

Je déclare encore que jamais je ne me suis trouvé à aucune réunion de députés, nulle part. Et certes l'on ne conspire pas seul.

Je déclare que je n'ai influencé en rien la pétition de la commune d'Avallon.

Je déclare que j'ai écrit dans mon district pour faire accepter la constitution, et que l'acceptation a eu lieu *sans discussion* de la part de ma commune par les efforts de l'un de mes frères administrateur, avec lequel je correspondois,

Je déclare que je n'ai appris que par la voix publique la fuite des députés qui ont agité les départemens.

Citoyens, remarquez que je suis tellement innocent que Saint-Just dans son projet de décret à la suite de son rapport, demandoit que je fusse rappelé dans le sein de la Convention; que Barrere, lorsqu'il fit adopter ce même décret, quelques jours après, ne fit d'autre liste de députés à décréter que celle de S. -Just : et tous deux avoient travaillé cette affaire ous deux avoient étudié les piéces à la charge   accusés : de sorte qu'il me reste à savoir comment été compris ensuite dans la nomoclature.

Je viens de faire ma confession générale, maintenant je vais faire ma profession de foi. Voici où en sont mes opinions politiques.

Les divisions scandaleuses de la Convention , dont il m'est impossible d'apprécier toutes les causes; le hideux acharnement des partis ayant fait penser aux égoïstes , aux capitalistes, auy marchands , aux propriétaires, aux hommes foibles que la République étoit impossible à etablir en France ; que l'anarchie seroit l'éternel fruit de ce gouvernement, et que leurs propriétés et leurs personnes ne seroient jamais en sûreté ; ils se sont presque tous jettés dans l'aristocratie, et le monarchisme, surtout depuis l'emprunt forcé, espérant, qu'en servant ainsi de renfort à un parti puissant, il le feroient triompher : ainsi ce parti est maintenant plus nombreux qu'il n'a jamais été pendant le cours de toute la révolution : ainsi le danger de la patrie ne fut jamais si grand. D'où il résulte que les mesures doivent être actuellement extrêmement vigoureuses ; qu'elles doivent être audacieuses, effrayantes : d'où il résulte qu'en ce moment les principes seuls de la Montagne peuvent nous sauver, et que l'on a bien fait de mettre la terreur à l'ordre du jour, car la liberté doit être terrible quand elle est en présence du despotisme, et en ce moment, il s'agit d'une guerre à mort entr'elle et lui.

Je soutiens que si la chance venoit à tourner, et que la montagne pût être subjuguée, il ne s'agiroit alors de rien moins que de nous donner un roi ; et malheur à l'humanité entière, présente et future ; malheur à tous les républicains, à tous les acquéreurs de biens nationaux, de biens d'émigrés, etc.

C'est un fait reconnu que les aristocrates en ce moment se rallient autour des mécontens de toute espèce : ils ont l'air de les plaindre ; on diroit qu'ils ne désirent, pour leur propre compte, que le règne des lois, que le rétablissement de l'ordre ; et pour ceux qui se disent opprimés que le règne de la justice ; mais dans le fond de leurs ames, ils soupirent après la royauté, et n'attendent que quelque succès à leur cause, et quelques mouvemens pour crier vive Louis XVII. ou le duc d'York.

Voilà la manière dont actuellement j'envisage les objets : voilà ce à quoi les circonstances nous ont conduit. Ainsi donc ceux qui veulent sincérement la République, loin de chercher à ébranler la Montagne doivent au contraire lui prêter leur appui : elle devient en ce moment le point de ralliement de tout républicain, et si ceux qui sont en possession de la volcaniser, pouvoient jamais laisser appercevoir des desseins contraires à la liberté et à l'égalité ; je crois que le peuple formeroit bientôt une autre montagne plus élevée qui s'écrouleroit sur la montagne ambitieuse et la feroit disparoître sous ses énormes masses. Car le peuple est là attendant l'issue de nos élans patriotique ; il a trop soif de la liberté, pour qu'on puisse désormais l'en priver impunément.

En effet, il faut que cette liberté soit conquise, à quelque prix que ce soit, dussions-nous tous périr. Si nous devions la perdre, il faudroit ne laisser à nos ennemis, que des monceaux de cendres et de cadavres.

(31)

Il ne faut pas que la honte et les fers succèdent à la gloire d'avoir résisté pendant quatre ans à la tourmente des passions les plus furieuses de l'aristocratie., et aux efforts de toute l'Europe ; il ne faut pas que la France devienne le tombeau de la liberté du monde, après avoir paru un moment comme un astre bienfaisant qui devoit éclairer tous les peuples de la terre :

Tels ont toujours été mes sentimens ; et toujours l'on me trouvera sous la bannière du parti qui voudra sincèrement la république une et indivisible ; qui professera la haîne de toutes tyrannies.

Mais il est bien cruel de se voir opprimé par les hommes de son bord : cela me présente la triste idée de nos soldats se fusillant quelquefois les uns et les autres par d'affreuses méprises.

S'il est de l'intérêt public de déclarer une guerre à mort aux royalistes et aux aristocrates, rien cependant n'est plus préjudiciable aux progrès de la révolution que de lui enlever ses vrais amis , que de confondre avec ces aristocrates les bons républicains ; de les opprimer pour des erreurs , et de les réduire à l'impossibilité de seconder les efforts de ceux qui travaillent à la ruine de tous les tyrans.

J'ai rempli ma tâche, puisque je me suis justifié. J'ai développé ma conduite depuis la révolution.—J'ai fait connoître toutes mes actions, toutes mes pensées, tous mes sentimens. — Maintenant je suis tranquille en attendant les événemens. Je suis sûr que je ne perdrai pas l'estime de celui qui m'aura lu sans prévention, quelque puisse être mon jugement.

Salut et fraternité à tous les bons républicains ,

JACQUES BOILLEAU,
député par le département de l'Yonne.

Paris, le 6 octobre 1793 , l'an deux de la république française , une et indivisible.

POST-SCRIPTUM.

Faits particuliers qui n'ont pu être insérés dans le cours du mémoire.

Premier. J'ai écrit à la société populaire d'Avallon qu'il falloit retirer de son enceinte le buste de Mirabeau , à l'imitation de la Convention qui avoit fait voiler son effigie dans le lieu de ses séances , parce qu'il me paroissoit assez prouvé qu'il étoit pour la cour , et qu'il avoit le goût de la monarchie.

Second. J'ai été dans un tems 4 ou 5 mois de suite sans écrire à mes concitoyens , parce que plongé dans la plus cruelle des incertitudes sur le but de l'un et de l'autre parti , je craignois d'induire en erreur , en me trompant dans mes conjectures ; donc je ne songeois guères à travailler les esprits en sens contraire à la liberté.

Après l'affaire du 2 juin , je n'écrivis à mes concitoyens que pour leur demander une attestation circulaire de mes faits républicains depuis la révolution , pour la Convention , les sociétés populaires de Paris , le département , la commune et les sections de cette ville.

Au lieu de cela , mes concitoyens ont fait une pétition que j'ai envoyée moi-même au comité de salut public , avec copie de la lettre que j'avois écrite.

Troisième. Lorsque j'ai eu les yeux entièrement desillé , j'ai écrit à mes concitoyens , qui possèdent une énorme cloche qu'ils révèrent de la même manière que les Egyptiens révéroient un oignon , qu'il n y avoit pas d'autre moyen de se rapatrier avec la montagne et les jacobins que de fondre la cloche pour en faire des canons.

Quatrième. Aussitôt que j'ai été arrivé à Paris , j'ai fait faire un bonnet de la liberté , sur mon cachet : j'ai fait enlever de dessus une garniture de boutons , les fleurs-de-lis qui y étoient. L'ouvrier demeure passage Radziwitz.

Depuis

Depuis la révolution j'ai tourmenté Paloy, pour avoir un petit monument de la destruction de la Bastille, et j'en ai obtenu une médaille composée du métal des chaînes de cette prison : en un mot j'ai différens symboles de la liberté que je conserve aussi précieusement qu'un amant conserve le portrait de sa maîtresse, ou qu'un dévot les reliques de ses saints.

Tous ces faits qui, pour la plupart, paroîtront minutieux, je l'avoue, prouvent que c'est une idolâtrie, que mon amour pour la liberté.

Ces faits sont minutieux, dites-vous : cependant il faut être juste ; il y a tel de ces faits qui, dans un certain sens serviroit à la charge d'un accusé : et pourquoi, dans le sens inverse, ne seroit-il pas à sa décharge ?

Au reste ce sont souvent les choses les plus minutieuses qui caractérisent un homme. Je dis donc que ces faits prouvent et mon républicanisme et la franchise de mon caractère.